おそうじ
しましょ♪

OSOJI JIKARA

Life Combination《ライフコンビネーション》

文芸社

イラスト　スカヴィフィーカ

おそうじしましょ♪
そんなふうに
うれしくかんじたら
じぶんがもっと
すきになる

はじめに

おそうじが好きになりたい

それが この本の原点です

わたしはもともとおそうじが苦手でした
でも おそうじについて試行錯誤していくうちに
様々なことを感じるようになりました

何も考えず 一生懸命おそうじしたあとの爽快感
繰り返ししていたことが違った印象に思えた瞬間との出逢い
一年を通した日本の季節の移り変わり
工夫から見つけた自分らしさ

おそうじには 毎日をイキイキと
生活するためのヒントが
たくさん隠れています

それらをギュッと凝縮して
この本にちりばめました

楽しく見ていただけるように
メッセージはみじかめに
写真と一緒にご紹介しています

おそうじの苦手な方
お掃除が大好きな方も
あなたのおそうじ生活が
より楽しくなりますように

目次

open the window

1　ふきん

あなたはキッチンで
どんなふきんを使っていますか?
いま 手縫いのふきんを制作しています

正直なところ 一生懸命作っているので
テーブルを拭くのには
すこしもったいない感がありますが

これが完成して使い始めたときに
自分の気持ちがどんなふうに変化していくのか
今から楽しみなのです

2　吾亦紅

部屋に飾りました 吾亦紅（われもこう）
今日はお天気が良くないので
なんだかぼんやりな感じになってしまいましたが

かすみ草などと同じく ちいさくまとめないで
広げてあげるとお花が映えそうです

花ことばは「変化」・「もの思い」・「愛慕」
バックはすっきりとしてみました

CAPRI

3　イタリアのガラス瓶

このガラス瓶は
友人が新婚旅行にイタリアのアルベロベッロへ
行ったときのおみやげです

中にはレモンチェロが入っていました

とうにいただいてしまったのだけれど
瓶があまりにも可愛かったので
本棚に飾っています

今日はちょっぴりおすましで
記念写真

4　三色コースター

焼き物なのにぽってりとした質感が好きな
三色コースター
裏はコルク仕立てになっています

コップをのせたり　花瓶に敷いたり
インテリアみたいに並べたりしています

もう二十年くらい使っているかな

同じものでも色違いがあると
使い方の幅が広がります

5　心地好い香りのする部屋

香りはこのところ静かなるマイブーム

気分の切り換えができて
幸せな気持ちに包まれます

写真はリードディフューザーです
これでいつも大好きな香りをキャッチ

身近にセッティングすることで
フィーリングのバロメーターにも
なってくれています

6　おそうじすることば

おそうじするときに

つかれた
めんどうくさい
あとで

こんなことばがくちにでたり
頭にぽわんと浮かんできたら

掃いても拭いても
やりかたはもちろんあなたの自由です
とにかくからだを動かして
すぐにおそうじしてしまいましょう

NORTH
AMERICA
U.S.A.
CANADA
HUDSON
BAY
BERING
SEA
ALEUTIANS
RUSSIA
JAPAN

7　まあるくいこう

おそうじをはじめるまえから
「やるからには完ぺきにやらなきゃ」
そう思っているあなた

気持ちはとってもよくわかります

でもね そんなに杓子定規に
きちんきちんといかなくたってだいじょうぶ

まあ 気負わずにいきましょうよ

わたしたちの暮らしている地球だって
まあるいかたちをしているのですから

8　連れ添いグッズ

おそうじをするときの道具というのは
じつはかなり重要です

決して値段だけではありません
cheap chic だってかまわないのです

あなたのお気に入りを
そばに置いてあげましょう

機能もさることながら
モチベーションがかなり違ってきますよ

長く使っていくとその差は歴然です

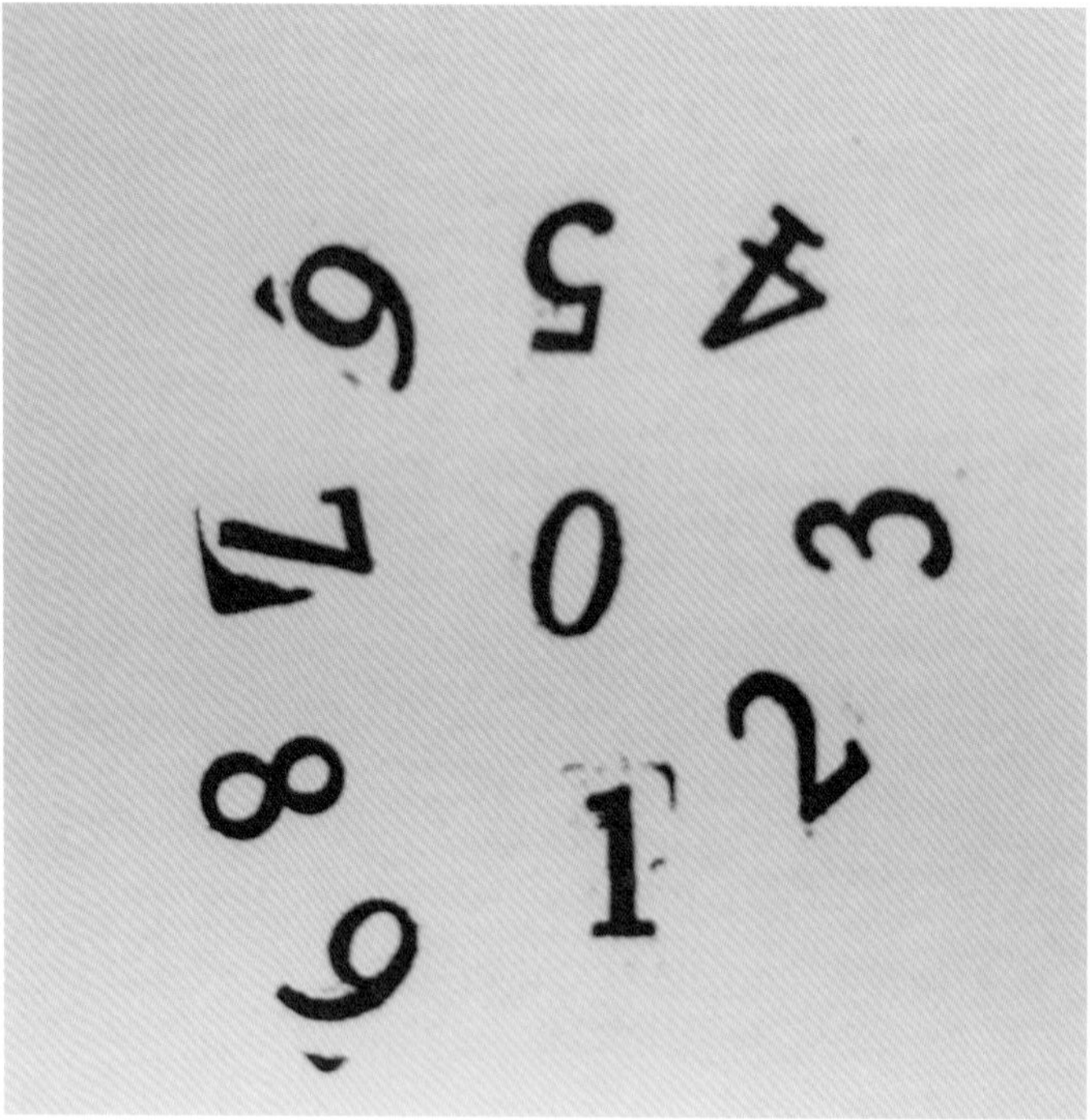

9　How many times?

それです その汚れ

あなたとは いつからお付き合いしているか
憶えていますか?

一度できれいにできたら それはラッキー!

でも もしも落ちなかったら
何回で落ちてくるか
カウントを楽しんでみては?

あるとき スッと汚れが落ちる瞬間に
あなたはきっと喜びを感じるはずです

10　あなたらしく

おそうじには
カッコイイおそうじもなければ
こうしなければいけない
というルールもありません
あなたが

きれいになった！

そう思えることが
いちばん大切です

11 What kind of your favorite?

あなたは
どんなおそうじをしているとき
楽しいと感じますか?

ガスレンジの汚れが落ちたとき

棚に入れているお気に入りのコレクションを
一列にきれいに並べられたとき

スマホの画面をピカピカにできたとき

なんでもいいんです
ちょっと思い出してみてください

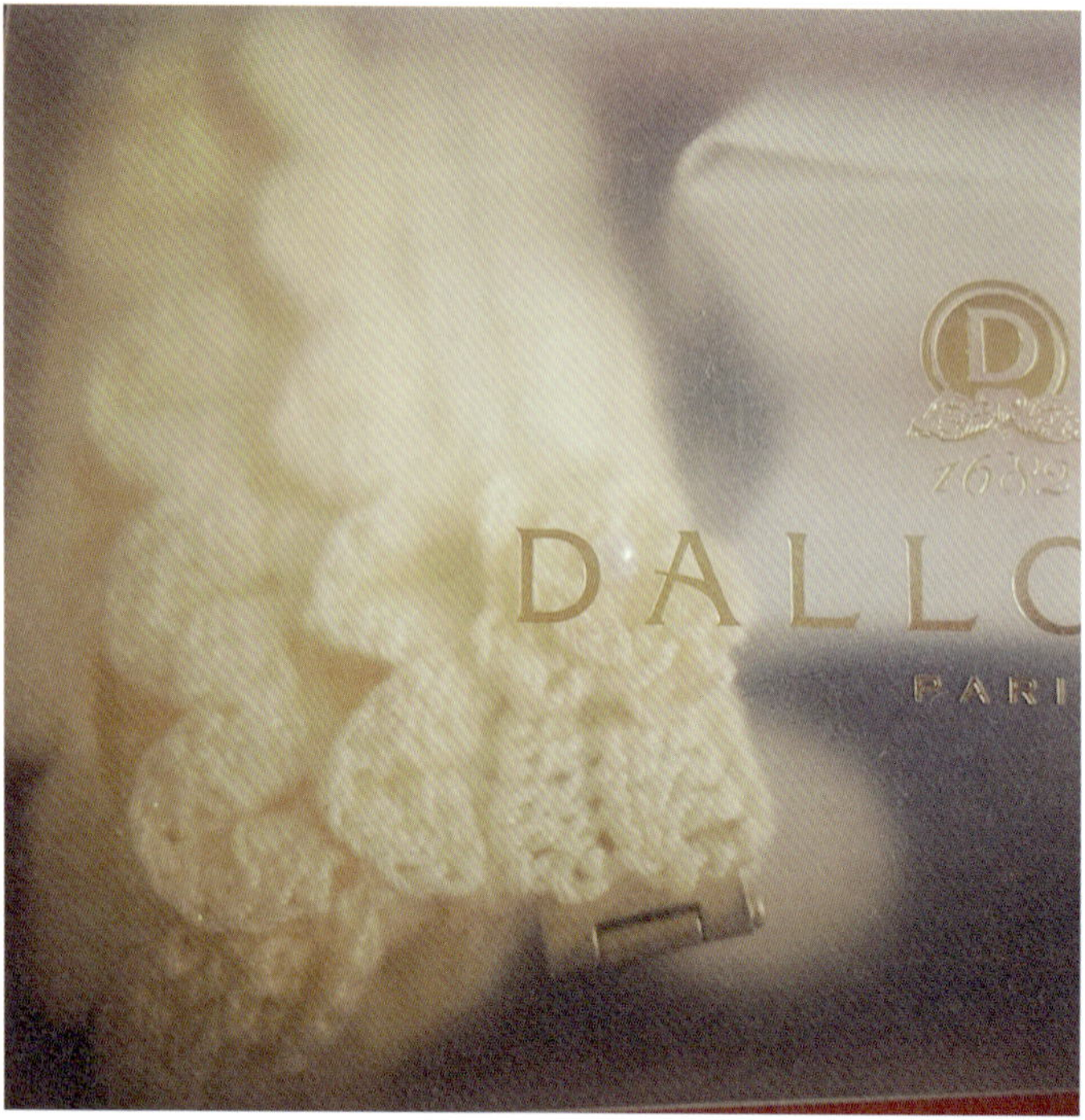
D
1682
DALL
PARI

12　箱のパッケージ

食べ終わったお菓子
もしもパッケージが
あなたのお気に入りだったたら
収納に使ってみましょう

箱型は比較的収まりよく
物を入れやすいです

見た目が好きなものは
それだけで
あなたのテンションもアップしますよ

Les
Délices de France
Berlingots
Produit de France
160g

13　ボトルパッケージ

ボトルのパッケージに入れるものは
箱よりもバリエーションが広がります

液体・粒子・そのほかいろいろ！

透明なガラス素材なら
見せるインテリアとしても
応用が利きそうです

14　すぐにやる　衣類編

汚れがついてしまったら
迷ったり考えたりせずに
汚れ落としにとりかかりましょう

たとえば レストランで
白い綿ブラウスにつけてしまった
トムヤムクンの飛び汁だって
速攻トイレに駆けつけて
液体石鹸で応急処置！

家に帰ってもう一度汚れを落としたとき
なにもなかったかのような状態が蘇ったら
あなたはミラクルに包まれるでしょう

15　すぐにやる　キッチン編

洗いものをする場合 汚れは二種類あります

一つはすぐに落ちる汚れ
油脂は 時間が経つと固形になって落ちにくいので
使ったらすぐに洗いましょう

もう一つは焦げてしまったお鍋や
ご飯をよそったあとの炊飯器など
すぐには落ちない汚れです

お水やお湯を加えて時間を置いてあげましょう
汚れのもとがやわらかいと 洗いやすく即洗浄！
マインドストレスも軽減できます

16　たまにやる　食器編

毎日洗っているつもりでも
日々の汚れはすこしずつ
蓄積されていきます

茶しぶや落ちきれなかったうっすら汚れ
そんなときには カップやお皿など
定期的にメンテナンスしてあげましょう

食器用の漂白剤を使うと
ちょっとのひと手間でピカピカに変身！
さらに愛着が湧いてきます

ZOOM 120
OPTICAL LENS
1:8 f=60mm

17　ズームしてみよう

テーブルを拭く動作
あなたはどんな角度で見ていますか？

サササとするのもよいけれど
ピンポイントで見てみましょう
ゴシゴシしたいところはありませんか？

時には側面や裏側も拭いてあげると
テーブルって立体だったのね
ということも改めて気づかされます

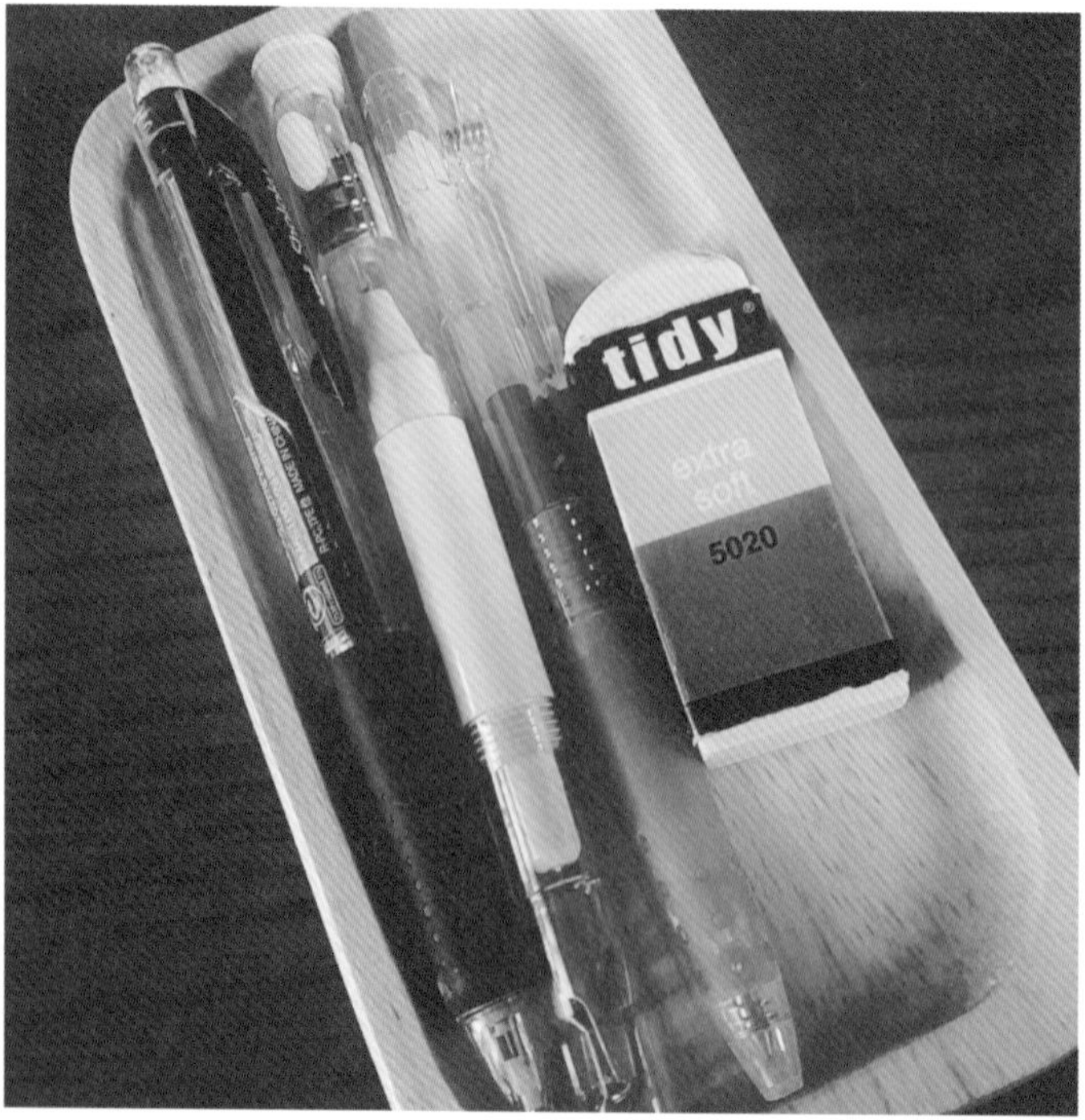
tidy
extra soft
5020

18　思考のおそうじ術

何か考え事をするときや
思案するとき

身の回りをおそうじしてあげましょう

たとえば仕事机

スッキリとした環境は
あなたの思考も
いっしょに整えてくれます

19　かえり道はこちら

ものを使ったあと
帰り場所はきまっていますか?

こっちの場合もあるし
そっちの場合もあるの

そんなあなたに朗報です

帰る場所を決めてあげましょう
迷いがひとつ　なくなりますよ

Studio Clip

20　重ねてみたら?

お気に入りの本やステーショナリー
近くに置いておきたいし
じつのところ置き場所もない

それなら 重ねてみたら?

部屋のコーナーやサイドテーブル
それから机の横など
無造作に 時にはきちんと

ほら カフェ風インテリアの完成です

21　かごの種類

かごは
日本人が昔から使っている
道具のひとつ
実用性にも富んだ
素晴らしい伝統工芸でもあります

そのかたちは様々で
玄関・キッチン・リビング・洗面所など
ありとあらゆるシーンで活躍します

置いてあると
ほっとするような親しみのある印象を受けたり
おしゃれに見えるのも魅力です

always by our side

こちらも同様

ふと「大変よく出来ました」のハンコに似ていると思った

時間を切り取った
イメージ

basket The oldest baskets discovered in Japan date from the early Jomon period.

ミントが静かに香る

ドラマチックな感じがして
一番好き

ちょっと失礼します

ORIGIN OF BASKET

22　はじまりは○

四角い部屋

あちらこちらに
ものがぽつりぽつり
いつの間にか定位置になっているの

そんなときは
丸くてもかまいません
そのままで　おそうじしてあげましょう

大切なのは　あなたの
おそうじしよう
という気持ちです

23　動かす勇気

すべてとはいいません

いくつかある中のひとつから
場所を移動してみませんか?

しまうところを見つけたのであれば
それはラッキー!
元に戻したとしても
今までのあなたとは違います

何かを変えよう

という気持ちを行動に移せたのですから

24　拭いてみよう

拭きそうじなんてとんでもない！
そう思っているあなた

キッチン収納の取っ手
電気のスイッチや
クローゼットの引き戸のつまみだったり
日々触れている場所

汚れは意外と付着しているものですよ

まずはちいさく完結するところから
はじめてみましょう

25　キチンとを学ぶ

鏡は大小に関係なく
キチンとおそうじする場所のひとつです

汚れが堅くなっているときは素材を傷つけないように
濡れたもので除去しましょう

①まずは中心部から均等に圧を加えて磨きます
②次に縁取るように枠を拭いていきましょう
角や鏡と保護素材の縁は 指先を使って沿わせます

どうでしょうか?
向かいに ドキッとするような
あなたのクローンが誕生したら鏡磨きの完成です

26　あなたにもできる

どうせ私にはできない
そう思ってはいませんか?

そんなとき　あなたの心は
固くなってしまっていませんか?

だいじょうぶ
あなたにも　きっとできます

まずは深呼吸して
心を広げてみましょう
心をやわらかくしてみましょう

27　ダイニングテーブルの役割

ダイニングテーブルは
わたしたちの「生きる」をつなぐ場所

なぜなら 食事をする場所だからです

わたしたちは食べ物をくちにしないと
生命を維持することができません

いつも何気なく使っているけれど
じつは神聖な場所

だから 今日はちょっぴり
リスペクトしてみませんか?

28　厚手の靴下

日に日に深まる秋
温度を敏感に察知するのは足下から

足が寒いと
いつにも増して動きが鈍い感じがします

そこで 厚手の靴下を履くと
カラダ全体がぽかぽかして
縮こまった腕も伸びてくるみたい

おそうじ指数もアップしたところで
さあ はじめよう

29　水拭きの世界

幾多のおそうじ電化製品は　時短になるしとても便利

でも　あなたのそばには繊細な感触をキャッチして
自由自在に操ることのできる
「手」という神秘に満ちた素晴らしい存在があります

布を水に浸して対象物を拭きそうじ
布の汚れを取り除く
布を絞って水分を取り除く
人間はこれら動作をいともカンタンにしてしまうのです

ヒューマンセンサーが反応すると心地好さがビビビ
水拭きワールドへようこそ！

30　ふきんと水分の黄金比率

水拭きをするとき
あなたは布に対してどのくらいの
水分を含ませていますか？

①5％～10％
②10％～15％
③15％～20％

ぜひ試してみてください

実際には驚くほどの水分率が
水拭きに適していることを
あなたは発見するでしょう

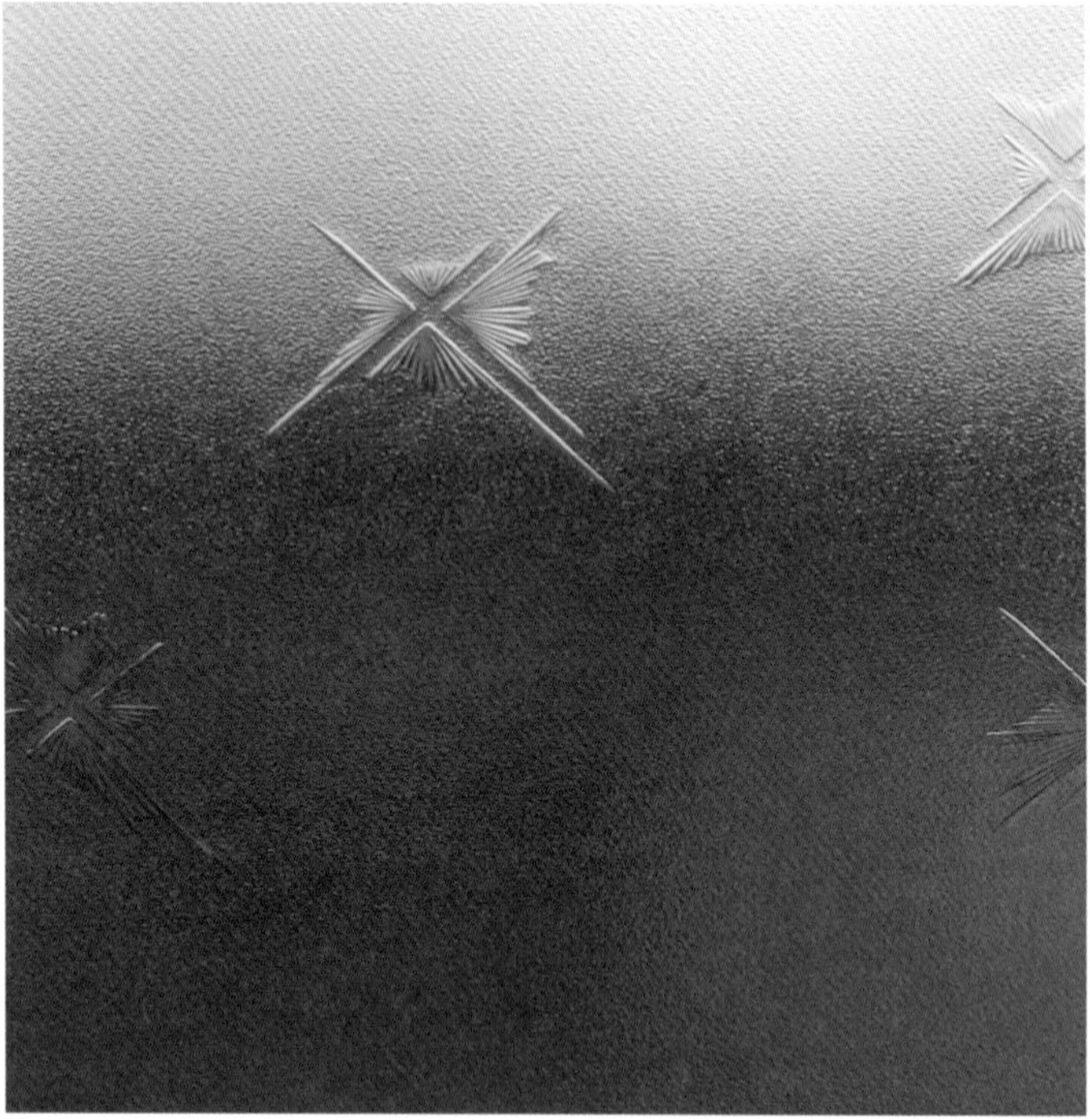

31　窓を拭く

お天気のときはいいけれど
雨や風が吹くと
外の窓は一度に汚れてしまう

そんなとき
えいっと 気持ちを入れて窓を拭く
外側と せっかくだから内側も

あー 拭いてよかった

必ずそう思うものです

32　ほこりを払う

塵も積もれば山となる

日々のちょっとした動作の大切さを
感じることばですが
本当だなと思う場所があります

それは ほこりの集まるところ

気がついたらそれは払いどきのサイン

だから ちょちょっと
おそうじしたいものです

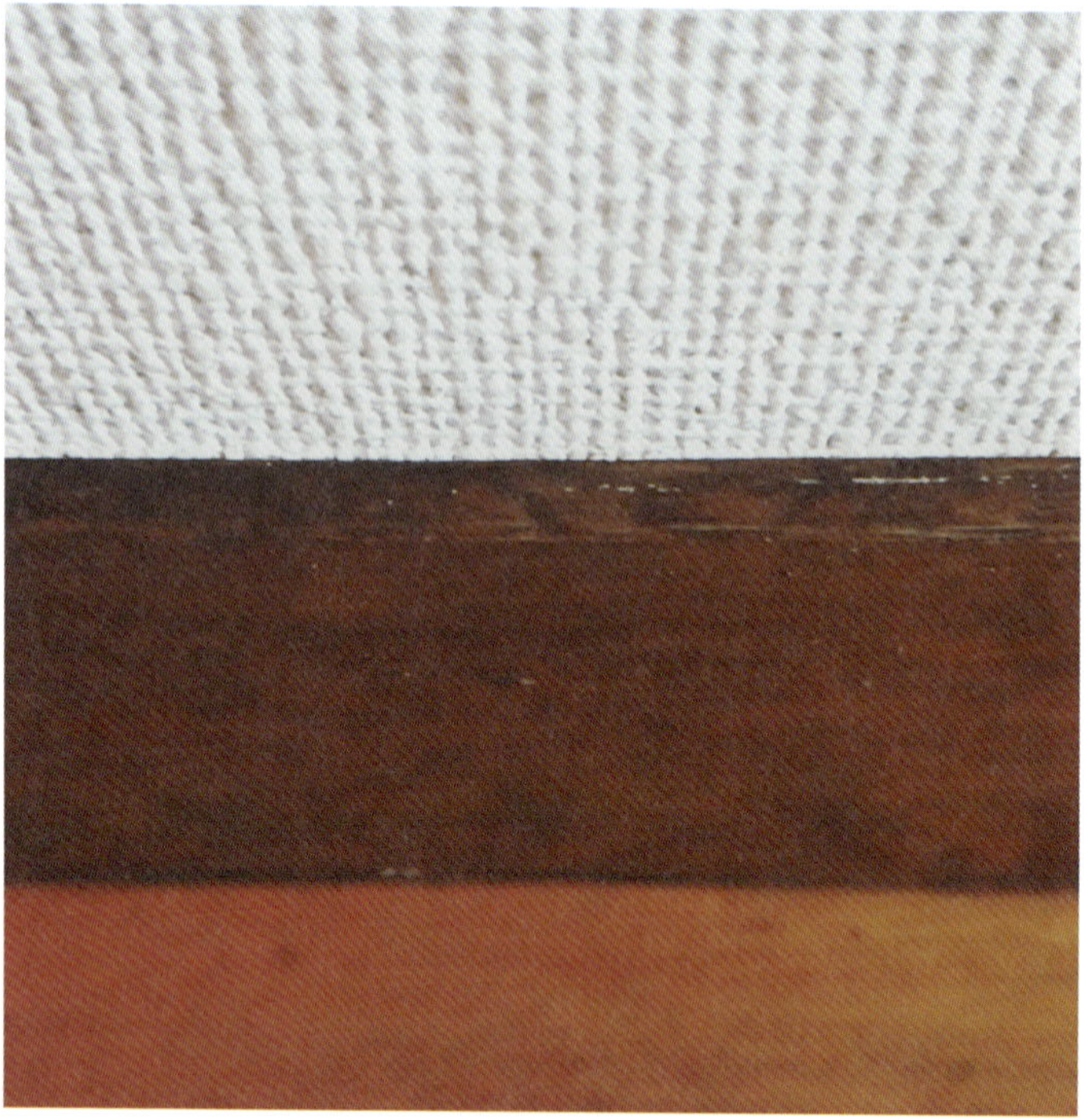

33　部屋の隅

指に布をひっかけて
きゅきゅっと水拭く

鋭角になったところは
指の先や　時には爪の部分も使いながら

掃除機では到底吸い取れないほこり群も
拭きそうじなら一瞬で完結

この部分は　部屋の印象を
キリッと引き締めてくれる
場所でもあります

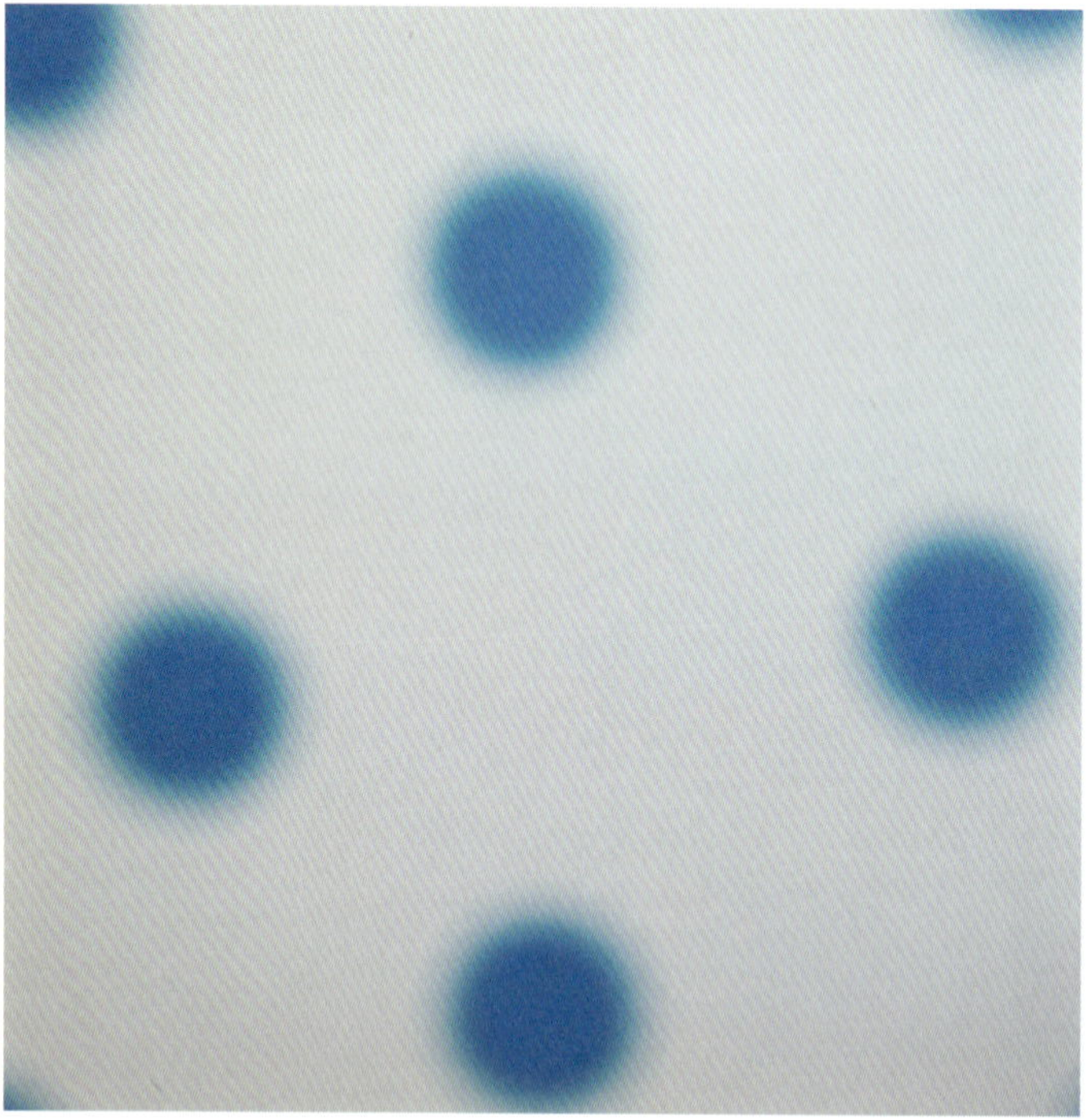

34　水に流す

食器を洗う
手を洗う
汚れた雑巾をきれいにする

それぞれには理由があって
ただその動作を行っているだけなのだけれど
時折ふと

自分の気持ちまで流してもらっている

そんな気持ちにさせられることがあります

35　お疲れ様のハンドケア

おそうじがおわったあと

汚れに立ち向かってくれた手に
お疲れ様のごあいさつです

たっぷりの潤い補給で
メンテナンス

年齢を重ねるたびに
その重要性を実感します

36　それぞれの質感

同じようにおそうじするのだけれど
やり方によっては一方だけ
仕上がりが良く見える場合があります

そんなときは 選択の余地なく
仕上がり感を優先！

どこからおそうじしていこう

そんな風に迷ったときの
近道解決法にもなってくれます

4

37　紙の再利用

衣類や家電・日用品などの
リサイクルが頻繁に行われるなか
どこか影をひそめているのが「紙」

時代は変わり 電子を利用した文字も多くなりましたが
紙は 触れたときの心地好さや温もりを感じさせてくれます

ぽいと捨ててしまうのは簡単だけれど
自然には限りがあるから
なくなったら二度と使えなくなってしまう

そんな気持ちを思い出しながら大切に
日々過ごしたいものです

38　部屋の顔

部屋に入るには
まず通るのが入り口

ドアは 部屋の顔とも
いえるでしょうか

普段は見慣れているけれど
ノブやその周りは
意外と手に触れているもの

水拭きしてあげると
そんな思わぬ汚れ具合に
気がつくものです

39　接触値の高い場所

あなたは壁を拭いたことが
ありますか?

そういえば今まで放置していたかもね

拭いてみるとそう思うことでしょう
そして 拭きおえたときの仕上がり感は
変わっていないようでどこかが変わっている

そんな意外と経験したことのない
満足感が得られるのです

Organic
EUCALYPTU
HERBAL OI

40　アロマのチカラ

水拭きするとき
お水の中に
お気に入りアロマを数滴ポトリ

ふわっと広がる芳香に
おそうじのマイナス マインドが
プラスへと還元されます

机や本棚など拭きそうじすると
すこしの間ムーブした香りが楽しめるだけでなく

ツヤ出し効果を発揮したり
素材の劣化も抑えてくれる優れモノです

41　カテゴリで区切る

あれもやらなくちゃ
これもやらなくちゃ

頭の中はいっぱいで
支離滅裂になりそうなとき

カテゴリで区切る

この方法で整理していくと
案外スムーズに
おそうじが捗っていきます

42　ピンポイントで片づける

今日はここだけ片づける
一点集中型でおそうじすると
目標が明確になります
迷いがないって素晴らしい！
おそうじしたあとの爽快感は
格別です

43　時間で動く

おそうじするのに
いつも楽しくできるわけではありません

そんなとき
モチベーションを上げる
ひとつの方法として

「時間」で区切ってみる

そうすると
重たかったからだが
次第に軽快になっていくのがわかります

44　場所で区切る

はじめは玄関
おわったらリビング
そのあとは和室

ひとつおえたらまたひとつ

そうすると
おそうじしたところと
これからの場所が差別化できて
わかりやすい
確認方法にもなります

application
laundry
ironing
washing dishes
wipe clean
vecuuming
window cleaning
something eles

45　用途で分ける

洗いもの・掃除機掛け・窓拭き・
洗濯・アイロン掛け・拭きそうじ・etc.

同じ作業を一度にまとめてする

そうすることで
効率アップが図れて
おそうじの応用力も
高まります

46　人で分ける

家族で住んでいると
共有と個人にものが分かれる場合があります

パパ・ママ・僕・私
おじいちゃん・おばあちゃん
猫・犬・小鳥・ハムスター・亀・etc.

まずは共有から
まずは個人のものから

あなたの環境はどうでしょうか?
それぞれのスタンスに合わせて
おそうじする順番を決めてみてください

47　いまとこれから

どうやっておそうじするか迷ったとき
優先したいところから進めていくのは
スムーズ&ファンタスティックな方法です

ここは いまおそうじしなくちゃいけない
なぜなら〇〇だから

この「〇〇」は
あなたのキーワードになってくるでしょう

Goal
Start

48　決めてから動く

おそうじしなくちゃという気持ちが強いと
焦りが出てしまう

やみくもに時間ばかりが経ってしまって
思うように物事が運べなくなることがあります

そんなときには 予め計画を立てておくと
スムーズに進めやすくなります

ここからこんな風にはじめて時間はこのくらい
そんな目安をもっていると 気持ちに余裕ができて
次のステップにも移りやすくなります

49　ご褒美をあげる

おそうじするのが
楽しい人
楽しくない人
いると思います

そんなときは
おそうじしたあとのご褒美を
あなた自身に用意してあげましょう

よし　またがんばれる
そんな気持ちが　芽生えたら
一歩前進です

50　好きなものに囲まれる

大切にしているものというのは
自分でも信じられないくらい
丁寧に丁寧に扱ったりするものです

そうすると その数が多ければ多いほど
生活の中には丁寧がたくさんに
なるわけですね

置きっぱなしなどもなくなるのかな

そんな生活でありたいものです

おわりに

おそうじってすごい
おそうじって楽しい

そうは思っていても まだまだ苦手
いつもおそうじと闘っています
それでもおそうじに向き合うことが
できるようになったのは なぜなのか?

興味を持つことで おそうじのチカラは育ちます

この本を手に取ってくださったあなたの日常が
光り輝く素晴らしい毎日になりますように

*

このたび本書を出版するにあたり
星の数ほどいる人の中から私を見つけてくださり
携わってくださった株式会社文芸社の皆様に
心より感謝申し上げます

そして わたしのことをいつも応援してくれる
両親 大切な方へ

この場をお借りして
たくさんのありがとうを伝えたいです

二〇二五年　春

著者プロフィール

Life Combination（ライフコンビネーション）

1969年生まれ。
神奈川県横須賀市在住。
サントリー株式会社 サントリーグルメガイド、BAR-NAVI 取材撮影担当として10年以上業務に携わる他、料理・食関連をはじめ多岐にわたるジャンルのライターとしてWebを中心に活動する。自身の運営したonline shopで掃除用品を販売したことがきっかけとなり、おそうじに目覚める。夢は、読む人がホッとするような文章を提供するエッセイストになること。

OSOJI JIKARA おそうじしましょ♪

2025年4月15日　初版第1刷発行

著　者　Life Combination
発行者　瓜谷 綱延
発行所　株式会社文芸社
〒160-0022　東京都新宿区新宿1－10－1
電話　03-5369-3060（代表）
03-5369-2299（販売）

印刷所　TOPPANクロレ株式会社

ISBN978-4-286-26330-4